BEI GRIN MACHT SICH IHR
WISSEN BEZAHLT

- Wir veröffentlichen Ihre Hausarbeit,
  Bachelor- und Masterarbeit

- Ihr eigenes eBook und Buch -
  weltweit in allen wichtigen Shops

- Verdienen Sie an jedem Verkauf

Jetzt bei www.GRIN.com hochladen
und kostenlos publizieren

Sabrina Wehrl

Die Projektmethode: Ein Überblick

GRIN Verlag

Bibliografische Information der Deutschen Nationalbibliothek:

Die Deutsche Bibliothek verzeichnet diese Publikation in der Deutschen National-
bibliografie; detaillierte bibliografische Daten sind im Internet über http://dnb.d-
nb.de/ abrufbar.

Impressum:

Copyright © 2010 GRIN Verlag GmbH
Druck und Bindung: Books on Demand GmbH, Norderstedt Germany
ISBN: 978-3-656-55308-3

Dieses Buch bei GRIN:

http://www.grin.com/de/e-book/265718/die-projektmethode-ein-ueberblick

GRIN - Your knowledge has value

Der GRIN Verlag publiziert seit 1998 wissenschaftliche Arbeiten von Studenten, Hochschullehrern und anderen Akademikern als eBook und gedrucktes Buch. Die Verlagswebsite www.grin.com ist die ideale Plattform zur Veröffentlichung von Hausarbeiten, Abschlussarbeiten, wissenschaftlichen Aufsätzen, Dissertationen und Fachbüchern.

Besuchen Sie uns im Internet:

http://www.grin.com/

http://www.facebook.com/grincom

http://www.twitter.com/grin_com

Die Projektmethode

Inhaltsverzeichnis

1. Einleitung

„Sag mir etwas, und ich werde es vergessen! Zeig mir etwas, und ich werde es vielleicht behalten! Lasse es mich tun, und ich werde es bestimmt behalten! (Zen-Weisheit)"[1] Mit diesem Zitat lässt sich die Projektmethode sehr gut beschreiben. Es soll verdeutlichen, dass erst durch das eigene praktische Handeln, beispielsweise im Rahmen eines Projekts, ein nachhaltiger Lernprozess entsteht.

Die Projektmethode bietet eine vielfältige Bandbreite an Einsatzmöglichkeiten, die „über institutionell organisierten Unterricht hinausgehen."[2]

Im Folgenden werden Definition, Geschichte und wichtige Pädagogen, Merkmale, Dauer, Ziele der Projektmethode, sowie der Lehrplanbezug genauer dargelegt.

2. Definition

Sucht man in der Literatur nach einer Definition für die Projektmethode, erkennt man bald, dass es hierzu keine eindeutige gibt. Im Gegenteil: Man streitet sich sogar über deren Definition.[3] So ist es nicht verwunderlich, dass man auf ähnliche Begrifflichkeiten in der deutschsprachigen Schulpädagogik stößt, wie Projektunterricht, projektartiger Unterricht oder schlicht Projekt.[4]

Das Wort Projektmethode enthält zum Einen das lateinische ‚projiziere', welches vorauswerfen, entwerfen, planen oder sich vornehmen bedeutet. Zum Anderen steckt das altgriechische Wort ‚methodos' darin, was den Weg der Untersuchung darstellt.[5]

Für die Lernenden auf der einen und für die Lehrenden auf der anderen Seite ist folglich der Weg gemeint, das anzugehen, was man sich vornimmt oder vorgenommen hat. Ein Projekt ist also „das konkrete Lernunternehmen, das eine Gruppe aushandelt, plant, anpackt, durchhält oder auch abbricht."[6] Gemeinsam mit ihrem Lehrer überlegen sich die Schüler eine Idee oder bestenfalls ein aktuelles Problem, welches sie dann unter Beachtung selbst gesetzter Regeln ausführen und bestenfalls bis zum Ende durchziehen.

---

[1] Hugenschmidt, Bettina u. Anne Technau: Methoden schnell zur Hand. 66 schüler- und handlungsorientierte Unterrichtsmethoden. 1. Auflage. Stuttgart u. a.: Klett Verlag 2008. S. 6.
[2] Frey, Karl: Die Projektmethode. Der Weg zum bildenden Tun. 8. Auflage. Weinheim und Basel: Beltz Verlag 1998. S. 14.
[3] Vgl. Knoll, Michael: Europa- nicht Amerika. Zum Ursprung der Projektmethode in der Pädagogik, 1702-1875. In: Pädagogische Rundschau 45 (Januar 1991), S. 41.
[4] Vgl. Frey, K.: S. 13.
[5] Vgl. ebd., S. 14.
[6] Ebd., S. 15.

3. Geschichte und wichtige Pädagogen

Über den Ursprung der Projektmethode war man sich lange Zeit nicht im Klaren. Man ging von einem „genuine[n] Produkt der amerikanischen Reformpädagogik der Jahrhundertwende"[7], einem „Kind der Demokratie"[8], aus. Heute weiß man, dass sie nicht aus Amerika, sondern aus Europa kommt. Die ersten Anfänge der Projektarbeit im pädagogischen Zusammenhang sind im 16. Jahrhundert an der Academia die San Luca in Rom zu erkennen, später auch an den Kunstakademien in Frankreich.[9] Dort stellten die Lehrer „den fortgeschrittenen Studenten eine vorgegebene Aufgabe, etwa den Entwurf einer Kirche, eines Denkmals, eines Palais" […] (um) mit den Anforderungen des Berufs vertraut werden."[10]

> „Tatsächlich können wir bei den Projekten an der römischen Akademie bereits die drei Merkmale erkennen, die für über dreihundert Jahre unumstritten Geltung besitzen sollten:
> 1. Schülerorientierung- die Akademiestudenten lernten am Projekt, indem sie größere Vorhaben selbstverantwortlich durchführten;
> 2. Wirklichkeitsorientierung- die Studenten bearbeiteten „praktische Probleme" [Hervorh. im Orig.] unter Bedingungen, die denen des außerschulischen Lebens nahekamen;
> 3. Produktorientierung- […] (sie) verbanden Kenntnisse aus verschiedenen Fachgebieten, um ein „vorweisbares Werk" [Hervorh. im Orig.] herzustellen."[11]

Um 1880 wurde die Idee des Lernens am Projekt durch Calvin M. Woodward auf die technischen Hochschulen übertragen, die zu Beginn des 19. Jahrhunderts in Europa sowie in den USA entstanden. Dort wurden Projekte nicht nur zeichnerisch, sondern auch praktisch durchgeführt, zum Beispiel, indem man Bücherregale schreinerte oder Motoren baute.[12]

Die zweite Neuerung erfolgte durch Charles R. Richards um 1900, der den Projektbegriff in die Pädagogik einführte. Seinem Denken gemäß sollte die Trennung von Lehrgang und Projekt aufgehoben werden und der gesamte Werkunterricht auf Projektarbeit umgestellt werden.[13]

Man kann der Projektmethode zwar keinen direkten Erfinder zuschreiben, jedoch gibt es „historische[n] Konstellationen, die projektartiges Lernen hervorgebracht haben."[14]

Für das schulische Lernen jedoch gilt vordergründig Dewey als deren Begründer. Seine um 1900 entstandenen Arbeiten gingen von dem Gedanken aus, dass Handeln und experimentell

---

[7] Knoll, M.: S. 41.
[8] Knoll, Michael: 300 Jahre Lernen am Projekt. Zur Revision unseres Geschichtsbildes. In: Pädagogik 45 (Juli/ August 1993), S. 58.
[9] Vgl. ebd., S. 58f.
[10] Ebd., S. 58.
[11] Knoll, M.: 300 Jahre lernen am Projekt. S. 59.
[12] Vgl. Frey, K.: S. 37.
[13] Vgl. ebd., S. 37.
[14] Ebd.: S. 36.

ausgerichtete Erfahrung die Voraussetzung des Erkennens und damit auch die Grundlage des Lernens sei. Mit seiner Methode strebte er zudem die Erziehung zur Demokratie an, weswegen bei seinen Ausführungen sowohl die Freiwilligkeit der Mitarbeit als auch die Freiräume und Selbstständigkeit der Lernenden besonders betont werden. Seine Methode wurde zu einer Problem-Lösungs-Methode mit hohem Grad an Schülerselbstständigkeit, wobei die Ziele weitgehend durch die Lehrkraft festgelegt wurden.[15]

Zwei Vertreter aus der Geschichte der vorberuflichen Bildung, die in Richtung der Projektmethode gewirkt haben, werden im Folgenden mit ihren Ansichten kurz erläutert.

Nach Hugo Gaudig ist Bildung nicht nur Reproduzieren des Gelernten, sondern zielt auf eine „freie geistige Tätigkeit" [Hervorh. im Orig.] im Schulbereich ab, da „allzu festgefügtes Wissen" für Bildung nicht gut sei und so die „[f]reie Entfaltungsmöglichkeiten in größeren Gesellschaften und besonders im einzelnen"[16] [Hervorh. im Orig.] behindere. Dem ist entgegenzuwirken, wenn die Planung des Unterrichts durch die Schüler erfolgt und diese selbsttätig sind, wodurch sie ihrer Phantasie und Kreativität auch breiten Raum bieten.[17]

Bei Georg Kerschensteiner geht es primär um die „Forderung nach konstruktiver Betätigung"[18]. Gemeint ist hiermit die manuelle Betätigung. Die Schüler sollen lernen, praxisorientiert gestellte Aufgaben zu erfüllen, mit ihren Arbeitsgeräten umzugehen und „der Sache gerecht werden."[19] Diese Vorgaben wurden zum allgemeinen Programm für Berufs- und Arbeitsschulen.[20]

4. Merkmale

Die Projektmethode stellt eine offene Lernform[21] dar, über die es in der Literatur zahlreiche Merkmale gibt. Auf Grund der unterschiedlichen Projektarten, wie sie in Punkt 5. erklärt werden, sowie deren unterschiedlichen Umfang und Verwendung treffen nicht immer alle Merkmale auf die Projektmethode zu. Für diese Hausarbeit wurden die Wesensmerkmale von Andreas Gmelch herangezogen[22]:

---

[15] Vgl. http://www.wirtschaft-lernen.de/methodik/K3_3.html (Stand: 10.12.2010)
[16] Frey, K.: S. 43.
[17] Vgl. ebd., S. 43.
[18] Frey, K.: S. 45.
[19] Ebd., S. 45.
[20] Vgl. ebd., S. 45.
[21] Ebd., S. 17.
[22] Vgl. Gmelch, Andreas: Projektmethode. In: Schweizer, Gerd u. Helmut M. Selzer (Hrsg.): Methodenkompetenz lehren und lernen. Beiträge zur Methodendidaktik in Arbeitslehre, Wirtschaftslehre, Wirtschaftsgeographie. Dettelbach: Röll Verlag 2001. S. 184ff.

Schülerorientierung

Das Projekt und die Thematik müssen sowohl auf die Interessen und Bedürfnisse der Lernenden als auch auf die Lernvoraussetzungen abgestimmt sein. Es sollen konkrete Lebenssituationen der Schüler zur Lernsituation gemacht werden.

Situations- und Gesellschaftsbezug

Hier orientiert man sich an der gesellschaftlichen Realität, um so aktuelle Lebenssituationen der Schüler zum Projektinhalt werden zu lassen. Da Projektthemen oft konkreten Bezug auf die aktuelle Lebenssituation der Klasse, Schule oder Region nehmen, können gesellschaftliche Probleme aufgegriffen und direkt in die Öffentlichkeit eingewirkt werden. Dies führt zum selbstständigen Umgang mit der Gesellschaft und kann womöglich sogar dazu beitragen, gesellschaftliche Veränderungen zu bewirken. Für die Schüler wird Lernen zum Aneignen und Speichern von Informationen und zur Auseinandersetzung mit der Realität.

Produkt- und Handlungsorientierung

Das Ergebnis bei der Projektarbeit soll ein real fassbares Produkt sein. Es kann sich vergleichsweise um Aktions-, Veranstaltungs- oder Gestaltungsprodukte handeln, wie zum Beispiel die Gestaltung des Schulhofs, die Einrichtung eines Biotops oder eines Schülercafés. Die Schüler planen ihr Handeln genauestens durch und sollen ihre Erkenntnisse und Erfahrungen bei der Projektarbeit dokumentieren, beurteilen und abschließend bewerten. Man spricht also von einem „zielgerichtete[n] Tun"[23], bei dem die Lehrenden ganz im Sinne von Pestalozzi mit ‚Kopf, Herz und Hand' bei der Arbeit dabei sind. Demnach greifen die Lernenden in die eigene Realität handelnd ein und eignen sich Handlungskompetenzen an. Es lässt sich daraus schließen, dass das Ergebnis ein Produkt mit Gebrauchs- und Mitteilungswert sein soll.

Interdisziplinarität

Lernen im Projektunterricht ist fachübergreifend, auch wenn sich während der Projektdurchführung die Aneignung fachspezifischen Wissens sich als erforderliche Voraussetzung für den effektiven Fortgang des Projektes erweist. Daher sind angesichts der Komplexität von Projektthemen, die den Horizont einzelner Fächer sprengt, zusätzlich Experten zu Rate zu ziehen. Als Resultat ergibt sich eine Kooperation zwischen verschiedenen Fachlehrern und gegebenenfalls außerschulischen Experten oder Institutionen.

Gemeinsame Organisation von Lernprozessen

Beim Projekt sollen die Lernenden und nicht die Lehrenden im Vordergrund stehen. Während der Lehrer die Rolle des passiven Beobachters übernimmt, sollen die Schüler sich so gut es

---

[23] Ebd., S. 184.

5

geht selbstständig in ihrer Planung organisieren und kooperativ zusammenarbeiten, sodass jedes Gruppenmitglied seine Stärken in das Projekt einbringen kann. Bei diesem Merkmal spielt also nicht nur das miteinander, sondern auch das voneinander Lernen eine große Rolle. Laut Gmelch haben die Lernenden das Projekt „eigenständig und eigenverantwortlich in der Projektentwicklung, -zielsetzung, -planung, -ausführung, -bewertung, -reflexion zu bewältigen"[24]. Diese Fähigkeiten sind nicht von Anfang an vorhanden. Daher sind Planfähigkeit, strategisches Wissen zur Lösung auftretender Probleme, Zeitmanagement, Informationssuche und Präsentation von Ergebnissen unbedingt im Unterricht zu besprechen.

5. Dauer

Projekte haben einen terminierten Projektstart und Projektabschluss. Sie können sowohl als Gruppenprojekt, bei dem die Klasse als Ganzes an der Lösung einer Aufgabe arbeitet, oder aber auch als Einzelprojekte gestaltet werden, bei dem jeder entweder das Gleiche oder jeder ein unterschiedliches Projekt bearbeitet.

In Freys methodischem Konzept spricht man von Klein-, Mittel- und Großprojekten.

Kleinprojekte dauern in der Regel zwischen zwei bis sechs Stunden, welche daher gut für eine Doppelstunde, als Block mit zwei bis drei Stunden oder womöglich auch für einem Abend konzipiert werden können. Da sich diese Projektart nur auf zwei oder drei Stunden stützt, spricht man von ‚projektartigem Lernen'. Das Ergebnis muss dabei nicht in praktischer Form ausgeführt werden, sondern kann als schriftliche Arbeit vorliegen, sodass es jederzeit abgerufen und in die Praxis umgesetzt werden kann.[25]

Mittelprojekte werden generell für ein bis zwei Tage, manchmal auch für eine Woche, 40 Stunden oder auf ein Vierteljahr konzipiert. Diese Projekte gelten mit ihrer Dauer sowohl in der Schule als auch in der Erwachsenenbildung sozusagen als Normalfall.[26]

Da Großprojekte mit ihrer Mindestdauer von einer Woche (auch bekannt als Projektwochen) sehr zeitaufwändig sind und sich oft auch mehrere Gruppen oder Institutionen beteiligen, sind sie in der Öffentlichkeit bekannt. Häufig können sich Großprojekte auch über Jahre hinweg erstrecken. [27]

---

[24] Gmelch, A.: S. 185.
[25] Vgl. Frey, K.: S. 22.
[26] Vgl. ebd., S. 22.
[27] Vgl. Frey, K.: S. 23.

6. Ziele

Die Projektmethode fördert und entwickelt sowohl personale und soziale Schlüsselqualifikationen, als auch methodische Kompetenzen und Fachkompetenz. Unter personalen Schlüsselqualifikationen werden die Leistungs- und Lernbereitschaft, die Selbstständigkeit und das Verantwortungs- und Pflichtgefühl der Schüler verstanden. Soziale Schlüsselqualifikationen sind die Kommunikations-, die Koordinations- und die Kooperationsfähigkeit, sowie die Entwicklung von Teamgeist, Fairness und Toleranz. Mit methodischen Kompetenzen sind die Informationsbeschaffung und die Auswertung dieser Informationen gemeint. Die Schüler erfassen komplexe Sachverhalte selbst und damit wird die Fachkompetenz gefördert.[28]

Außerdem werden bei der Projektmethode die Entscheidungskompetenz, die Kreativität, die Motivation, das Selbstvertrauen und die Urteils- und Kritikfähigkeit des einzelnen Schülers gestärkt.[29]

7. Lehrplanbezug

„Der Bildungs- und Erziehungsauftrag des Faches kann am besten erfüllt werden, wenn ausgewählte Lerninhalte in Kooperation mit anderen Fächern, vor allem den Fächern Werken/Textiles Gestalten, Gewerblich-technischer Bereich, Hauswirtschaftlich-sozialer Bereich, Kommunikationstechnischer Bereich und Buchführung erarbeitet werden. Besonders wirksam wird diese Zusammenarbeit in Form der fächergruppenspezifischen Projekte. Zusammenhänge und Wechselwirkungen, die z.B. zwischen ökonomischen, sozialen und technischen Bereichen des Lebens bestehen, sollen von den Schülern beispielhaft aufgezeigt, nachvollzogen und reflektiert werden können. Durch eigenverantwortliches Tätigwerden können sie wirtschaftliche und technische Erfahrungen sammeln und wirtschaftliches und technisches Handeln lernen. Sie erproben dabei auch, wie sie Aufgaben und neue Situationen bewältigen können [...]"[30]

Zu Beginn ist zu sagen, dass sich die Lernziele und Lerninhalte bei den Projekten zwischen Regelklassen und M-Klassen nicht unterscheiden. In der siebten Jahrgangsstufe wird das Thema ‚Schüler arbeiten und wirtschaften für einen Markt' als Projekt verwirklicht und in der achten Jahrgangsstufe wird das Projekt ‚Schüler stellen mit technischen Verfahren Produkte für einen Markt her' erarbeitet. In der neunten Jahrgangsstufe besteht die Wahl zwischen zwei verschiedenen Themen. Zum einen das Projektthema ‚Wohnen – Wunsch und Wirklichkeit', bei dem die Schüler ihre erste eigene Wohnung planen können. Zum anderen steht auch noch das Thema ‚Schüler testen Dienstleistungen oder Waren' zur Wahl. Bei diesem Thema wäre

---

[28] Vgl. Gmelch, A.: S. 186f.
[29] Vgl. http://www.wirtschaft-lernen.de/methodik/K3_5.html (Stand: 10.12.2010)
[30] http://www.isb.bayern.de/isb/download.aspx?DownloadFileID=13aa2580247de0e6b87c87c24abe3907, S. 63f. (Stand: 10.12.2010)

es denkbar mit den Schülern verschiedene Handys zu testen und zu vergleichen. In der zehnten Jahrgangsstufe besteht die Möglichkeit das Projekt ‚Schüler gründen eine Schülerfirma' zu betreiben. An dieser Schülerfirma können sich dann aber auch jüngere Schüler beteiligen.[31]

8. Schluss

Wie in der Einleitung bereits erwähnt, soll mit der Projektmethode verdeutlicht werden, dass erst durch das eigene praktische Handeln, beispielsweise im Rahmen eines Projekts, ein nachhaltiger Lernprozess entsteht. Dieser kann beispielsweise durch eine Schülerfirma demonstriert werden, auf die aber in dieser Arbeit nicht näher eingegangen wurde.

Die Zen-Weisheit aus der Einleitung kann den Lernerfolg in der Regel erst durch praktische Anwendungen im Rahmen der Projektmethode gesteigert werden.

---

[31] Vgl. http://www.isb.bayern.de/isb/download.aspx?DownloadFileID=13aa2580247de0e6b87c87c24abe3907, S.65 (Stand: 10.12.2010)

9. Quellenverzeichnis

Sekundärliteratur:

FREY, Karl: Die Projektmethode. Der Weg zum bildenden Tun. 8. Auflage. Weinheim und Basel: Beltz Verlag 1998.

GMELCH, Andreas: Projektmethode. In: Schweizer, Gerd u. Helmut M. Selzer (Hrsg.): Methodenkompetenz lehren und lernen. Beiträge zur Methodendidaktik in Arbeitslehre, Wirtschaftslehre, Wirtschaftsgeographie. Dettelbach: Röll Verlag 2001.

HUGENSCHMIDT, Bettina u. Anne Technau: Methoden schnell zur Hand. 66 schüler- und handlungsorientierte Unterrichtsmethoden. 1. Auflage. Stuttgart u. a.: Klett Verlag 2008.

JUNG, Eberhard: Das Projekt. In: Retzmann, Thomas (Hrsg.): Methodentraining für den Ökonomieunterricht. Schwalbach/Ts. WOCHENSCHAU Verlag 2007.

KNOLL, Michael: 300 Jahre Lernen am Projekt. Zur Revision unseres Geschichtsbildes. In: Pädagogik 45 (Juli/ August 1993).

KNOLL, Michael: Europa- nicht Amerika. Zum Ursprung der Projektmethode in der Pädagogik, 1702-1875. In: Pädagogische Rundschau 45 (Januar 1991).

WEBER, Birgit: Schülerfirmen als Gegenstand und Methode ökonomischer Bildung. In: Retzmann, Thomas: Methodentraining für den Ökonomieunterricht.

Internetquellen:

http://www.wirtschaft-lernen.de/methodik/K3_3.html

http://www.wirtschaft-lernen.de/methodik/K3_6.html

http://www.wirtschaft-lernen.de/methodik/K3_5.html

http://www.wirtschaft-lernen.de/methodik/medien/k3/K3_7.pdf

http://www.wirtschaft-lernen.de/methodik/medien/k10/K10_2.pdf

http://www.wirtschaft-lernen.de/methodik/K10_8.html